JÉRUSALEM DÉSHABILLÉE,

PARODIE EN UN ACTE,

EN PROSE ET EN VAUDEVILLES,

DE L'OPÉRA DE *JÉRUSALEM DÉLIVRÉE.*

PAR MM. ***.

REPRÉSENTÉE, POUR LA PREMIÈRE FOIS, A PARIS, SUR LE
THÉATRE DU VAUDEVILLE, LE 3 OCTOBRE 1812.

PRIX : 1 FR. 25 C.

A PARIS,

Chez MARTINET, Libraire,
rue du Coq, n° 124, près la rue
Saint-Honoré,

M. DCCC. XII.

<table>
<tr><td>

PERSONNAGES.

</td><td>

A C T E U R S.

</td></tr>
</table>

ROSEVAL, Directeur de la troupe,
sous le costume de Godefroy de
Bouillon . . . . M. *Edouard.*

SAINT-ANGE, sous celui de Tancrède M. *Séveste.*

FLORIDOR, sous celui de Roger . . . M. *Fichet*

ROSALIE, sous celui de Clorinde. . . . Mme. *St.-Aulère.*

Mlle. BROUILLON, jouant le rôle de
la Discorde. . . . . Mlle. *Bodin.*

Mme. PICHARD, habilleuse de la
troupe de Roseval. . . . . Mme. *Duchaume.*

M. DESPAVOTS, cru Auteur du
poëme. . . . . M. *Guénée.*

PATRÈS, vieillard, cru père de
Rosalie. . . . . M. *Laporte.*

Mlle. FAILLITTE, Directrice du
théâtre rival. . . . . Mlle. *Arsène.*

ARGENT, son Caissier. . . . . M. *Joly.*

JOSEPH, Garçon de théâtre de
Roseval. . . . . M. *Justin.*

M. L'INCENDIE, Artificier.. . . . . M. *Carle.*

*Acteurs habillés en Chevaliers et en
Diables.*
Personnages principaux de l'Opéra
d'Armide.

HIDRAOT.
LA HAINE.
UBALDE.
RENAUD.
Le Chevalier DANOIS.

La Scène se passe à Carcassonne

JÉRUSALEM DESHABILLÉE.

Le Théâtre reprétente le Foyer des Acteurs de la troupe de Roseval, sur lequel s'ouvrent plusieurs Loges d'acteurs.

SCÈNE PREMIÈRE.

LE GARÇON.

ALLONS, voilà le premier acte fini: Jérusalem va aux nues, et tout Carcassonne est aux anges.

SAINT-ANGE, *ouvrant sa loge.*

Envoyez-moi donc le costumier, le casque ne me va pas du tout.

LE GARÇON.

Oui M. Tancrède.

FLORIDOR, *ouvrant sa loge.*

Le perruquier, vite le perruquier ; cet acte-là m'a tout-à-fait défrisé.

LE GARÇON.

Ça suffit, M. Roger.

ROSEVAL, *ouvrant aussi sa loge.*

Faites-moi tout de suite monter le tailleur ; c'est trop long, beaucoup trop long.

LE GARÇON.

Le tailleur chez M. Godefroy.

ROSALIE, *ouvrant aussi sa loge.*

Joseph, faites souvenir l'auteur qu'il doit me montrer à bien tomber.

LE GARÇON.

C'est fait, mademoiselle Clorinde.

SCÈNE II.

DESPAVOTS, LE GARÇON.

LE GARÇON.

Le v'là justement l'auteur, M. des Pavots.

DESPAVOTS.

Qu'est-ce que tu fais-là , toi? Va-t-en voir si les diables et les femmes sont prêts.

LE GARÇON.

Toutes ces dames sont descendues au théâtre.

DESPAVOTS.

Et les esprits célestes , où sont ils? Voilà déjà un acte joué, et je ne vois pas d'esprit du tout. Ca peut durer comme ça jusqu'à la fin : va donc , maraud , va donc ; ce drôle là s'amuse ici.

LE GARÇON.

Je ne m'amuse pas du tout , monsieur , je viens du par- terre.

SCENE III.

M. DESPAVOTS, Mme. PICHARD.

Mme. PICHARD.

Ah! Dieu merci , voilà ma besogne finie pour toute la soirée.

DESPAVOTS.

Comment , madame Pichard , pour toute la soirée ! Ne vous faudra t-il pas , après le spectacle , déshabiller vos princesses.

Mme. PICHARD.

Oh! ce sont les roses du métier , avec ces dames.

Air : *Morgué que ta mère est donc sauvage.*

> Lorsqu'en guerrières inhumaines ,
> Nous avons à les déguiser ,
> Que d'embarras et que de peines !
> On ne peut pas se reposer.
> Au retour , ce n'est que vétille ,
> Comme c'est à qui s'en ira ;
> En un instant on déshabille ,
> Les dames de l'Opéra.

DESPAVOTS.

J'espère , madame Pichard , que ma pièce obtient un joli succès à Carcassonne !

Mme. PICHARD.

Quand je dis votre pièce...?

DESPAVOTS.

Chut....! ne réveillez pas le chat qui dort. Je vous ai mis

dans ma confidence, et vous seule savez ici que je ne suis pas le véritable auteur de Jérusalem délivrée.

Mᵐᵉ. PICHARD.

Sans doute, je le sais. N'étais-je pas habilleuse au grand Opéra de Paris, quand on y a commencé, il y a six mois, les répétitions de ce bel ouvrage, qui n'est pas encore joué? N'est-ce pas moi qui vous ai fait entrer un soir qu'on la répétait, à telles enseignes que j'allai moi-même vous réveiller, quand on ferma la salle. Vous dormiez là comme chez vous.... ; mais comment avez vous fait pour vous procurer la pièce avant la représentation ?

DESPAVOTS.

La pièce? rien de plus simple.

AIR *du ballet des Pierrots.*

D'après une coutume antique,
Que l'on se plaît à respecter,
On imprime une œuvre lyrique,
Quand on songe à la répéter.
C'est agir avec prévoyance ;
L'auteur entend ses intérêts,
Car ceux qui l'impriment d'avance,
Ne l'imprimeraient pas après.

Mᵐᵉ. PICHARD.

J'entends. Vous avez eu un exemplaire du poëme ; mais la musique ?

DESPAVOTS.

La musique ! ça se trouve partout.

Mᵐᵉ. PICHARD.

Savez-vous bien que ce que vous faites-là est un peu hardi ?

DESPAVOTS.

L'amour est mon excuse. Je ne savais comment approcher de la première actrice de ce théâtre.

Mᵐᵉ. PICHARD.

Il fallait lui faire une pièce.

DESPAVOTS.

Je lui ai apporté le rôle de Clorinde.

Mᵐᵉ. PICHARD.

Ça revient au même ; mais le véritable auteur, vous lui enlevez sa gloire ?

DESPAVOTS.

Je ne lui enlevrai rien : on saurait bientôt la vérité à Carcassonne, je la découvrirai moi-même.

AIR *du vaudeville de la petite Gouvernante.*

Qu'il jouisse de sa victoire,
Mes vœux sont comblés en ce jour,
Si par la route de la gloire,
J'arrive au temple de l'amour ;
A l'auteur, demain j'abandonne,
Le laurier qu'il a moissonné,
Et je lui rendrai sa couronne,
Quand l'amour m'aura couronné.

DESPAVOTS.

Vous voyez bien que je ne suis pas si coupable.

AIR *de Lisbeth.*

Faut-il ici se récrier,
Et quels scrupules sont les vôtres ?
C'est une ruse du métier ;
En prenant un ouvrage entier,
Je n'ai pas pris plus que bien d'autres :
De piller à tort, à travers,
Est-il un auteur qui s'abstienne ;
Combien, même en faisant leurs vers,
Ne font rien (*bis*) qui leur appartiennent.

Mais il me semble qu'on applaudit bien fort dans la salle... ?

Mme. PICHARD.

C'est parce qu'on ne joue pas. On fait un entr'acte éternel.

DESPAVOTS, *allant aux loges.*

Allons, mes amis dépêchez-vous ; le public s'impatiente, paraissez donc, on sifflera.

ROSEVAL, *ouvrant sa loge.*

Je n'y suis pas encore.

SAINT-ANGE, *ouvrant sa loge.*

Je suis cuirassé.

FLORIDOR, *ouvrant aussi sa loge.*

On peut commencer, je descends.

DESPAVOTS.

Madame Pichard, je n'ai pas besoin de vous prier de vous taire.

Mme. PICHARD.

C'est inutile : la discrétion est la première vertu des habilleuses de théâtre.

AIR : *Adieu, je vous fuis bois charmans.*
Nos propos sont toujours prudens :
Quand nous trouvons de bonnes ames,
Nous pouvons bien, de temps en temps,
Dire le secret de ces dames ;
Mais personne ici ne saura
Celui que monsieur me confie.
On ne dit pas, à l'Opéra,
Le secret de la comédie.

Je descends au théâtre.

SCENE IV.

DESPAVOTS, Mlle. BROUILLON, *sortant de sa loge.*

DESPAVOTS.

Ah ! Dieu merci, voilà déjà la discorde.

Mlle. BROUILLON.

Oui monsieur, je puis me flatter, d'être l'actrice la plus
exacte de l'Opéra de Carcassonne.

AIR : *l'amour ainsi qu'la nature.*

Lorsque notre troupe entière,
Pour tenir sa cour plénière,
Doit se rassembler céans,
La première je m'y rends ;
De près, ces messieurs me suivent ;
C'est à qui me préviendra ;
Mais quand ces dames arrivent,
La discorde est toujours là.

DESPAVOTS.

Je sais que vous ne manquez pas une assemblée, mademoiselle Brouillon ; mais, dites - moi, le savez-vous bien,
au moins, votre rôle de discorde ?

Mlle. BROUILLON.

Ah ! je vous en réponds, je l'ai répété toute la matinée
avec mon mari ; mais le vilain rôle ! et comme votre musicien
me fait crier !

DESPAVOTS.

Vous criez tous.... contre lui.

Mlle. BROUILLON.

Moi, pas du tout : ce sont ces dames qui se plaignent. Je ne suis pas de ces gens qui cherchent à semer la division, à brouiller tout le monde. A propos, savez-vous que Roseval, notre directeur, celui qui joue votre Godefroy, a dit, l'autre jour, au foyer public, beaucoup de mal de votre pièce ?

DESPAVOTS.

C'est tout simple : entre nous, il a un triste rôle.

Mlle. BROUILLON.

Et Floridor, votre Roger, qui chantait tout-à-l'heure un couplet contre l'ouvrage ! Voulez-vous que je vous le répète ?

DESPAVOTS.

Vous êtes trop obligeante !

Mlle. BROUILLON.

Pour Saint-Ange, celui qui joue Tancrède, il n'est pas étonnant qu'il vous déchire. Il sait que vous avez des vues sur sa Clorinde. A propos, où en êtes-vous ensemble ? Elle fait un peu la coquette avec vous, n'est-ce pas ? Je la reconnais bien là. Du reste, c'est ma meilleure amie, et je vous servirai auprès d'elle à une condition.

DESPAVOTS.

Quelle est-elle ?

Mlle. BROUILLON.

C'est que vous me ferez un rôle où j'écraserai tout le monde.

DESPAVOTS.

C'est d'une bonne camarade. Mais, mademoiselle Brouillon, vous ne vous rendez pas assez de justice.

AIR : *J'aime ce mot de gentillesse.*

Un faible talent sollicite ;
Mais, loin d'obséder chaque auteur,
Compter sur son propre mérite,
C'est ce que fait un bon auteur :
Pour le rôle auquel il aspire,
Son talent seul fait son espoir ;
Le demander, n'est ce point dire,
Qu'on n'est pas digne de l'avoir.

Mlle. BROUILLON.

Je m'en souviendrai ! (*elle sort.*)

DESPAVOTS.

Mais voyez si l'on commencera !

SCENE V.

DESPAVOTS, ROSEVAL, FLORIDOR, ROSALIE, SAINT-ANGE.

DESPAVOTS.

Air *du Port-Mahon.*

A sonner on se lasse,
Songez, messieurs, que le temps se passe,
N'oubliez pas, de grâce,
Que le public est là.

ROSEVAL.

Me voilà.

SAINT-ANGE.

Me voilà.

Etc., etc., etc.

CHŒUR.

Air : *Quand les bœufs vont deux à deux.*

Au théâtre descendons tous,
Quand l'entracte chez nous,
N'a duré qu'une heure ou deux,
Le public est trop heureux.

ROSEVAL.

Ce sont nos règles exactes,
L'acteur prend dans les entr'actes,
Le temps de se rafraîchir.

DESPAVOTS.

Mais devez-vous, pour ma gloire,
Laisser à votre auditoire,
Le loisir de réflechir.

CHŒUR.

Au théâtre descendons tous, etc.

(*Ils vont pour descendre.*)

SCENE VI.

LES MEMES, LE GARÇON.

ROSEVAL.

Qu'est-ce ?

LE GARÇON, *il chante.*

» Argent, le caissier du théâtre voisin,
» Auprès de vous, messieurs, demande à s'introduire.»

FLORIDOR.

Il demande à s'introduire ? le joli style !

LE GARÇON.

C'est le sien, et vous saurez que la directrice du même théâtre, mademoiselle Faillite, à ses côtés s'avance.

ROSALIE.

Recevez-les, vous avez le temps ; je descends au théâtre.

DESPAVOTS.

Ces démêlés ne me regardent pas. Suivons ma chère Rosalie. (*il sort*).

ROSEVAL.

Allons, dis-leur qu'ils peuvent tous deux s'introduire auprès de nous.

SCENE VII.

LES MEMES , *excepté* ROSALIE ET DESPAVOTS , Mlle. FAILLITE , ARGENT.

ARGENT.

AIR : *J'ai ou la meunière.*
Caissier du théâtre voisin....

Mlle. FAILLITE.

Et moi directrice....

ARGENT.

Je viens d'un tour plus que malin,

Mlle. FAILLITE.

Demander justice.

ARGENT.

AIR : *Trouverez-vous un parlement.*
Lorsqu'aujourd'hui nous annonçons
Armide, a bon droit révérée,
Ici vous donnez, sans façons,
La Jérusalem délivrée :
Confrère, ce procédé-là,
M'a tout l'air d'une perfidie.
Le même jour que l'Opéra,
Doit-on donner sa parodie ?

ROSEVAL.

Qu'appellez vous parodie ?

Mlle. FAILLITE.

AIR : *Du vaudeville de l'Avare et son Ami.*

Messieurs, par votre air intrépide,
Que d'autres se laissent tromper ;

Mais pour nous, qui jouons Armide,
N'espérez point nous attraper.
Ne tentez plus de vous défendre;
Comme nous savons, par bonheur,
Tous les vers de Quinault par cœur,
On ne peut pas nous en revendre.

Le rôle d'Armide a fait ma réputation.

ROSEVAL *et sa troupe.*

Quelle calomnie !

SAINT-ANGE.

Je soutiens que cela ne ressemble pas aux vers de Quinault. Ecoutez seulement une scène de notre poëme.

FLORIDOR.

Ecoutez un de nos airs, et vous verrez si cela ressemble à quelque chose.   Mlle. FAILLITE.

Barbare, je sais bien que vous m'aurez travestie. Vous aurez fait de moi une espèce de folle : mais, cela ne m'empêchera pas de me reconnaître.

ROSEVAL.

Belle Armide, en ces lieux que venez-vous chercher ?

ARGENT.

Nos habits, traîtres. Tout à l'heure, au moment de commencer Armide, nous envoyons chez le costumier qui se charge d'équiper nos héros. Réponse fatale. Votre Jérusalem nous a presque tout enlevé; votre Tancrède s'est paré de l'habillement de Renaud; on a fait servir pour votre Roger l'armure du chevalier Danois. Il n'y a pas jusqu'à notre Haîne dont on n'ait rétréci le costume, pour en affubler votre Discorde.   ROSEVAL.

Voyez le grand malheur ! Croyez-vous bonnement qu'on trouvera du neuf à présent pour chaque personnage ? Dans la comédie, c'est bien autre chose. Il est vrai que des habits de caractère, cela ne s'use pas.

AIR : *Il faut quitter ce que j'adore.*
Plus d'un moderne encor se pare
De ceux que Molière inventa.
Qui voudrait habiller l'Avare
Autrement qu'il ne l'habilla ?
Économe sur ces matières,
Sans cesse on retourne chez nous
Tous les vieux habits de nos pères.

ARGENT.

Ils sont toujours trop grands pour vous.

FLORIDOR.

D'ailleurs, si nous avons pris vos habits, vous en prendrez d'autres. En province, on n'est pas si difficile.

AIR *des petits Savoyards.*

Dans nos troupes, c'est la coutume ;
Jadis, à Quimper-Corantin,
N'ai-je pas, dans Georges-Dandin,
D'Agamemnon pris le costume ?
Un beau jour, ne trouvant pas mieux,
Ne fallut-il pas que je prisse
Les beaux habits de Roland furieux
Dans le Désespoir de Jocrisse ?

ARGENT.

Ecoutez, Messieurs : il est une manière de terminer nos
différends ; Mademoiselle Faillite, qui veut que tout le
monde vive, vous propose par ma voix une réunion des deux
troupes et des deux caisses. Délibérez là-dessus.

FLORIDOR.

Point de réunion. Nous avons déjà assez de peine à nous
accorder entre nous.

ROSEVAL.

Directeur de cette troupe, je refuse solennellement une
proposition qui nous blesse.

(*Récitatif.* *)

« Ces braves chevaliers dont je soutiens les droits »,
N'ont point à tant d'audace accoutumé les ....

Mlle. FAILLITE.

Arrêtez ; je vous y reprends. Voilà des vers qui ne vous
appartiennent pas.

ARGENT, *fredonne.*

Encore un emprunt confrère,
Encore un emprunt.

ROSEVAL.

Nous refusons impitoyablement.

ARGENT.

Vous ne savez pas ce que vous refusez. En ce moment,
nous négocions un emprunt secret avec d'honnêtes usuriers,
qui ne nous demandent que cinq pour cent par mois.

FLORIDOR.

Oui ; vous comptez sur le secours des Arabes ? Jolies res-
sources !

---

* Tous les vers marqués par des guillemets sont en récitatif.

ARGENT.

Songez-y bien ; nous montons un mélodrame qui vous assommera.

SAINT-ANGE.

Notre pantomime ne nous laissera pas un mot à dire.

M*lle*. FAILLITE.

Le Fanal de Messine va faire notre fortune.

FLORIDOR.

Pauvres gens !

ROSEVAL.

Nous faisons venir M. de Malbrong.

ARGENT.

Il y a long-temps qu'il est mort et enterré.

ROSEVAL.

J'ai dans ma maison le premier journaliste de Carcassonne.

M*lle*. FAILLITE.

Et moi, j'ai les trois autres dans ma manche.

FLORIDOR.

Et de grâce, la paix ! la paix !

TOUS.

Nous n'en voulons pas.

ARGENT.

C'est bien décidé ? Vous refusez notre association ? Vous ne voulez point de mademoiselle ? Vous ne voulez point d'Argent ?

TOUS.

Non.

ARGENT.

C'est assez singulier.

« Eh bien ! je vous déclare une guerre éternelle. »

TOUS.

« Quelle soit terrible et mortelle. »

ARGENT.

Prenez toutes les épithètes du Dictionnaire , répétez toute la journée : *Marchons* , *combattons* , *attaquons*. Vous ne nous ferez pas peur. (*Brusquement.*) Adieu Messieurs.

M*lle*. FAILLITE.

Guerre à mort.

M*lle*. FAILLITE *avec* ARGENT.

» Poursuivons jusqu'au trépas
» L'ennemi qui nous offense. »

Air *connu.*

ROSEVAL.

Ces cadets là, quelle audace ils ont ;
Ces cadets là, quelle audace !
Mais nous aussi nous avons du front
Et nous bravons leur menace.

ARGENT.

Vous connaîtrez,
Vous saurez,
Sentirez
Les effets,
Les progrès
De ma rage.

FLORIDOR.

Criez ; c'est ça !
On sait dans l'opera
Que c'est à
Qui fera
Du tapage.

ARGENT.

Messieurs, le péril est urgent ;
Réparez votre faute,
Lorsque l'on compte sans argent,
On compte sans son hôte.

CHŒUR.

Ces cadets là, quelle audace ils ont ;
Ces cadets là, quelle audace !
Mais avec nous, l'effet toujours prompt
Suivra de près la menace.

SCÈNE VIII.

SAINT-ANGE, FLORIDOR.

FLORIDOR.

A quoi rêves-tu, Saint-Ange ? à Rosalie ? j'en suis sûr.

SAINT-ANGE.

Allons, vas-tu me faire une scène pour ça à présent.

FLORIDOR.

Pour passer le temps, cela se pourrait bien.

SAINT-ANGE.

Ah ! tu veux passer le temps? Eh bien ! je vais te faire une
onfidence. Tu sais que ce fut dans une loge sombre que....

(*Récitatif.*)

« Pour la première fois, Rosalie et ses charmes,
» Vinrent s'offrir à mes regards. »

Qu'elle était belle !

FLORIDOR.

Que tu es bon !

AIR : *Que d'établissemens nouveaux.*

Ami , reviens à la raison.
Songe qu'ici plus d'une femme
D'une infidèle a le renom ;
Eteins une imprudente flamme

SAINT-ANGE.

Mon cher , de leurs goûts inconstans,
Crois-tu me donner des nouvelles ?
Le théâtre , dans tous les temps ,
Fut le pays des infidèles.

FLORIDOR.

Ah ! tu le prends sur ce ton là. Je te quitte , je vais dans la coulisse guetter ta réplique. Dussé-je écouter trois scènes de l'opéra.

SAINT-ANGE.

Quel ami !.... A propos, si tu vois le bonhomme Patrès envoye-le moi.

FLORIDOR.

Le père de Rosalie?.... Ce triste vieillard...... qui se lamente toujours , quand il parle de la vertu de sa fille ? Je te l'enverrai.
                                        (*Il sort.*)

SCENE IX.
SAINT-ANGE *seul.*

La voilà cette loge , où s'habille mon insensible Clorinde. Ne serait-ce pas le moment de lui adresser quelques vers ? Voici justement des bouts-rimés que l'on propose dans le journal de ce matin : *Souffrance , toujours , espérance , jours* , etc. etc. , ça doit se remplir tout seul.

(*Il chante en écrivant avec un crayon.*)

AIR : *Digo Jeannette.*

Dans la souffrance ,
Faut-il toujours ,
Sans espérance ,
Traîner mes jours.

> Lorsque j'adore
> Autant d'attraits,
> Clorinde ignore
> Mes feux secrets.

Pour une romance d'opéra, c'est très-spirituel ; et si j'en fais jamais un, elle trouvera sa place.

SCENE X.

SAINT-ANGE, PATRÈS, *un mouchoir à la main.*

SAINT-ANGE.

Eh bien ! honnête Patrès, qu'avez-vous donc à pleurer ?

PATRÈS.

Hélas ! mon cher Monsieur, ma Rosalie vient encore d'être applaudie avec une rage... Je ne m'en consolerai jamais.

SAINT-ANGE.

Comment ! ça vous fait de la peine, bon vieillard ?

PATRÈS.

Sans doute, ça va l'attacher encore plus au théâtre, et j'aurai beau prêcher pour l'engager à le quitter.

SAINT-ANGE.

Mais, vertueux Patrès, n'est-ce pas vous-même qui l'y avez mise ?

PATRÈS.

Oui, mon cher Monsieur. Mes intentions étaient pures ; mais elles ont toujours été trompées. J'ai déjà fait débuter jadis une de mes nièces, qui promettait beaucoup, et qui m'avait promis de n'accepter que des rôles innocens, surtout point de travestissemens.

Air : *D'Arlequin Cruello.*

> En elle voyant le soutien
> De ma triste vieillesse,
> Au théâtre je voulus bien
> Introduire ma nièce.
> Elle jouait, par nos traités,
> Les seules ingénuités.
> Aveugles que nous sommes !
> On m'avertit deux jours après,
> Que, malgré mes ordres exprès,
> Elle jouait, elle jouait les hommes.

SAINT-ANGE.

C'est vrai, je m'en souviens.

PATRÈS

PATRÈS.

Rosalie a pris un autre emploi pour me désespérer.
Croyez-vous qu'il soit bien gai pour moi de la voir briller
dans toutes ces pantomimes si noires, où elle se bat, comme
un ange, j'en conviens : j'y vois de loin, mon cher Monsieur.

SAINT-ANGE.

Vous êtes bien heureux.

PATRÈS.

Air *de Partie carrée.*

Je ne la fis monter sur le théâtre
Que dans l'espoir de m'en débarrasser ;
Mais ces combats, dont elle est idolâtre,
Risquent de la faire blesser.
Ces coups de sabre allarment ma tendresse.
Mon cher, quels dangers sont les siens !
Que l'on lui casse un bras dans une pièce....
La voilà sur les miens.

SAINT-ANGE.

Votre prudence égale votre sensibilité. Pauvre papa !

PATRÈS.

Je ne le suis pas tout à fait ; mais j'ose dire que je suis son
second père.

SAINT-ANGE, *vivement.*

Eh ! quel est donc le premier ?

PATRÈS.

Celui qui avait épousé ma défunte avant moi. La pauvre
femme ! elle m'avait si bien fait promettre, en mourant, de
faire de sa fille une honnête marchande, et non une ar-
tiste.

SAINT-ANGE.

Ses remords m'attendrissent.

PATRÈS.

A propos de remords, il faut que je vous conte le songe
que j'ai fait.

Air :
J'ai rêvé toute la nuit,
Etc.

SAINT-ANGE.

Ah ! vous rêvez aussi.

PATRÈS.

C'est l'effet de la répétition de votre opéra, à laquelle j'ai
assisté hier soir. J'ai été bien étonné d'y voir un rêve.

B

SAINT-ANGE.

Pourquoi donc cela ?

PATRÈS.

AIR : *Des Voyages.*

D'après l'exemple d'Athalie,
J'avais bien pu me figurer
Que dans la seule tragédie,
Un beau songe pouvait entrer.

SAINT-ANGE.

Y pensez-vous ? En fait de songes ,...
L'Opéra doit avoir la pomme ;
Rien n'est plus facile à prouver.
C'est où l'on fait le meilleur somme,
Qu'on doit aussi le mieux rêver.

PATRÈS.

Pour en revenir à mon songe, jugez quelle peur j'ai dû
avoir cette nuit ; j'ai revu ma femme !

SAINT-ANGE.

Diable !

PATRÈS.

« Triste, pâle, de deuil couverte. »

SAINT-ANGE.

C'est assez là le costume des morts.

PATRÈS.

« Tremble, m'a-t-elle dit ; car malgré ton pouvoir,
Aujourd'hui Rosalie entre dans un comptoir. »

SAINT-ANGE.

N'est-ce pas ce que vous demandiez !

PATRÈS.

Tenez, mon cher Monsieur, il ne faut pas aller par quatre
chemins. Vous aimez ma fille.

SAINT-ANGE.

J'aime....

PATRÈS.

Vous l'aimez, c'est connu et je ne suis pas du tout fâché
de cela, parce que vous êtes un honnête homme et en état
de lui assurer un sort.

SAINT-ANGE.

Mais croyez-vous qu'elle m'aime, Rosalie ?

PATRÈS.

Je ne venais ici que pour vous l'apprendre. Ainsi donc....

Air : *Du vaudeville de la Piété filiale.*

Mes chers enfans, unissez-vous ;
(*à part*) Il l'épousera, je l'espère.

SAINT-ANGE.

M'offrir sa fille ! Ah ! c'est d'un bien bon père ;
On n'en voit pas d'un naturel plus doux.

PATRÈS.

Puisque votre flamme morale
Obtient l'aveu de son papa.
En vous aimant, son cœur obéira
  A la piété filiale.

ENSEMBLE.
SAINT-ANGE.
En m'adorant, son cœur obéira
  A la piété filiale.
PATRÈS.
En vous aimant, son cœur obéira
  A la piété filiale.

PATRÈS.

Malgré cela, j'ai le pressentiment qu'il arrivera quelque
malheur.   (*Il sort.*)

SCENE XI.
SAINT-ANGE.

En vérité, ce vieux fou de Patrès ressemble tout à fait au
bonhomme Arcès de notre opéra. Ils sont forts tous deux
pour les visions et les lamentations.

SCENE XII.

SAINT-ANGE, Madame **PICHARD**, *ayant le casque de
Clorinde sur la tête et son cachemire sur le dos.*

M.ᵐᵉ PICHARD, *à part.*

Mademoiselle Rosalie m'a priée de la débarrasser de son
casque et de sa cuirasse ; j'ai voulu voir un peu comment cela
m'irait.

SAINT-ANGE, *à part*

Si la clarté mélancolique des quinquets n'abuse point mon
ame, c'est Rosalie. Heureux Saint-Ange !

M.ᵐᵉ PICHARD.

Il me semble que je le porterais tout aussi bien qu'elle.
(*Elle se donne des airs.*)

B 2

SAINT-ANGE.

Ce casque la masque ; mais à cette noble tournure...

Mme. PICHARD.

Quant aux gestes, cela n'est pas bien difficile lorsque l'on sait s'arrondir.   (*Elle imite Clorinde.*)

SAINT-ANGE.

Voilà bien sa grâce ! son aisance !

Mme. PICHARD.

Voyons si je pourrai attraper son chant comme es gestes.   (*Elle chante.*)

« Cher Tancrède. »

SAINT-ANGE.

Elle me déchire..... le cœur ; sa voix retentit dans mon ame. Du courage, abordons la.

Mme. PICHARD.

Mais reportons bien vite tout cela dans la loge de made‑ moiselle.   (*Elle entre dans la loge.*)

SAINT-ANGE.

Elle entre !... Dois je la suivre ?

FLORIDOR, *dans la coulisse.*

Saint-Ange, Saint-Ange, c'est à toi.

SCENE XIII.
SAINT ANGE *seul.*

Ça m'est égal.

« Je ne me connais plus moi-même. »
Devoir, honneur, réplique, Jérusalem.
» Vous avez beau crier dans le fond de mon ame,
» Je n'écoute plus que ma flamme. »

SCENE XIV.
FLORIDOR.

FLORIDOR, *accourant.*

Saint-Ange, Saint-Ange ! où es-tu mon ami ?

SCENE XV.
FLORIDOR, SAINT-ANGE.

SAINT-ANGE.

O sottise, ô bévue ! ô bésicles funestes !

FLORIDOR.

Insensé ! qu'as-tu fait ? Tu manques ta réplique.

SAINT-ANGE, *ôtant son casque.*

Mon ami, la tête n'y est plus.

FLORIDOR.

Ta criminelle absence peut faire tomber la pièce. Oublier ton devoir pour une femme !

SAINT-ANGE.

Que diras-tu donc quand tu sauras que c'était une fausse Rosalie. Cette belle qui m'avait enchanté quand je ne la voyais pas, c'était....

FLORIDOR.

Achève.

SAINT-ANGE.

C'était madame Pichard.

FLORIDOR.

Ah ! malheureux, que je te plains ! Une autre fois mets donc mieux tes lunettes.

SAINT-ANGE.

Que faire ? On sera peut être obligé de rendre l'argent. Comment soutenir la présence du directeur.

FLORIDOR.

Justement le voici.

SCENE XVI.
LES MEMES, ROSEVAL, SUITE.

ROSEVAL.

« Infidèle sujet, déserteur des coulisses. »
Mais non, je ne te ferai pas de harangue, tu n'es pas digne de ma vengeance.

FLORIDOR.

Tu le vois, il est furieux et cependant bonnace.

ROSEVAL.

Vois quelle suite tout cela peut avoir. Le rideau est tombé à la moitié de l'acte. L'auteur est tombé évanoui ; Rosalie, furieuse, est tombée près de lui.

SAINT-ANGE.

Près de lui !

ROSEVAL.

Le public va tomber sur nous et tout cela retombera sur toi.

FLORIDOR.

Ça peut encore se relever.

ROSEVAL.

Il n'est plus temps.

AIR : *Jupiter, un jour en fureur.*

Ici, dans ma juste fureur,
Je venge la commune injure ;
Saint-Ange, qui portait l'armure,
N'est plus digne de cet honneur.
Chez nous il a jeté l'alarme ;
En vain on voudrait me calmer,
Rien ne peut me désarmer.
Messieurs, qu'on le désarme.

CHŒUR.

AIR : *De la Fausse magie.*

Désarmer le camarade.

TOUS.

Qui? moi? non, non; ni moi, ni moi.

ROSEVAL.

L'honneur vous en fait la loi.

FLORIDOR.

Attraper quelque gourmade.

TOUS.

Qui ? moi? non; ni moi, ni moi.

ROSEVAL.

Tremblez devant Godefroi.

On se révolte ! une amende de quarante sols par chaque
tête de mutin.

TOUS.

Nous ne la payerons pas.

ROSEVAL.

Je mets toute la troupe à la porte.

TOUS.

Nous ne sortirons pas.

ROSEVAL.

Quelle épouvantable insurrection !

FLORIDOR.

Allons, mon ami, tu as joué les Ruines de Babylone ;
montre que tu as de la mémoire.

SAINT-ANGE.

C'est ça même. (*à Roseval*) : « *Tu le vois, Haroun*, Roseval, veux-je dire, *tes sujets me sont dévoués.* » Eh bien !

je n'abuserai pas de cela. Voilà mon sabre, donne le à qui tu
voudras.

ROSEVAL, *à part.*

Le coup de théâtre n'est pas mal ; mais je t'en ménage un
autre. (*Haut.*) Vois, Saint-Ange,
        « De quel succès tu te prives toi-même. »

L'orateur de la troupe a une extinction de voix ; dès ce soir,
je te destinais sa place. C'est toi qui aurais eu l'honneur d'an-
noncer le spectacle de demain, spectacle demandé : La Fa-
mille des Jobards ! (*Silence.*) Qui choisir à présent ? On ne
m'obéit point, on méconnaît mes droits..... (*Silence.*) Je ne
sais même plus quel spectacle donner demain. (*Il cherche.*)
Un quart-d'heure de silence ; c'est assez !

FLORIDOR, *à Saint-Ange.*

Il nous prépare quelque surprise

ROSEVAL.

Ecoute-moi ; il faut, avant de continuer la pièce, faire au
public des excuses convenables ; c'est de rigueur. Eh bien !...

AIR, *Prenons d'abord*, etc.

(*A part.*) Prenons d'abord l'air bien méchant :
(*Haut.*) Qu'as-tu fait, malheureux Saint-Ange ?
        De ton procédé révoltant,
        Tu vas voir comme je me venge.
        Il me faut choisir un acteur
        Qui brille par son éloquence ;
        Mais le parterre est en fureur,
        Il peut assommer l'orateur ;
            (*Avec bonté*) :
        Je te donne la préférence.

TOUS.

        « O clémence ! ô grandeur ! »

ROSEVAL.

Reprends ton sabre et descends au théâtre.

SAINT-ANGE.

Marchons !

AIR *de Roland.*

        Suivez-moi, braves chevaliers,
        L'honneur et l'espoir de la scène ;
        Je cours redresser les lauriers
        Qu'a flétri ma fuite soudaine.

ROSEVAL.

Sarraztns, en vain vous osez
Braver l'ardeur qui nous anime ;
Sous les coups de vos bras , Croisés,
Venez faire tomber Soline.

ROSEVAL , SAINT-ANGE , FLORIDOR.

Vos triomphes sont assurés ;
Des héros , dignes interprêtes ,　　　　} bis.
Pour mot d'ordre ici vous prendrez
Ces mots si doux , ces mots sacrés :
　Gloire et recettes !
Ces mots sacrés : Gloire et recettes !　(Ils sortent.)

SCENE XVII.

Mademoiselle BROUILLON , L'INCENDIE.

Mlle. BROUILLON.

M. l'Artificier ! M. l'Artificier !

L'INCENDIE, portant un flambeau.

Me v'là.

Mlle. BROUILLON.

Arrivez donc, M. l'Incendie ! le flambeau de la discord :?

L'INCENDIE.

On y remet de l'esprit de vin.

Mlle. BROUILLON.

Je vais paraître , donnez-m'en un autre ? celui de l'A-
mour ?

L'INCENDIE.

Il est chez le ferblantier.

Mlle. BROUILLON.

Celui de l'Hymen ?

L'INCENDIE.

Il est cassé.

Mlle. BROUILLON.

'ela ne m'étonne pas.

AIR de Marianne.

Par un caprice inconcevable ,
Dans tous leurs opéras nouveaux ,
Nos poëtes ont de la fable
Usé presque tous les flambeaux.
　De l'hyménée ,
　Une journée ,
Use souvent le flambeau sans retour ;
　De la vengeance ,
　De l'espérance ,
Les flambeaux sont allumés tour-à-tour :

Ceux de la haine et de l'envie,
Parmi nous brûlent constamment ;
Mais on ne se sert pas souvent,
Du flambeau du génie.

L'INCENDIE.

Il est vrai qu'il n'en manque pas dans l'opéra nouveau.

Mlle. BROUILLON.

De génie ?

L'INCENDIE.

Non, de flambeaux : aussi je garantis à l'auteur un bril—
lant succès. Sans adieu, mademoiselle Brouillon, je vais
chauffer un peu le quatrième acte.   (Il sort.)

SCENE XVIII.

SAINT-ANGE, Mlle. BROUILLON.

SAINT-ANGE.

Parbleu ! mademoiselle Brouillon, vous êtes une bien
méchante langue ! Vous avez déjà conté, à Rosalie, ma
farce de tantôt.

Mlle. BROUILLON.

Consolez-vous. (à part) Tourmentons-le. (haut) Je vais
bien vous conter autre chose. Mademoiselle Rosalie ne tar-
dera pas à se rendre ici ; et j'ai tout lieu de croire que M. Despavots doit venir l'y attendre.

SAINT-ANGE.

Que me dites-vous là ? Ah ! si je le croyais !....

Mlle. BROUILLON.

N'en croyez que vos yeux..... (à part). Il n'y voit goutte....
Allons lui ménager quelque nouvelle sottise.

SAINT-ANGE.

Je vais me cacher pour épier l'infidèle.

Mlle. BROUILLON.

AIR : *De la Baronne.*

Laissons le faire !.....
En fait d'esprit, il n'est pas fort.....
Je voudrais bien, pour me distraire,
Qu'il fit quelque bévue encor...
Laissons-le faire.   (elle sort).

SCENE XIX.

SAINT-ANGE.

Quoi ! je serais sacrifié à M. Despavots !..... En y songeant
mon sang bout dans mes veines.

B 5

SCENE XX.

SAINT-ANGE, *à l'écart*; ROSALIE, *avec le chapeau et la redingote de Despavots.*

ROSALIE.

En attendant qu'on me tue, je viens me reposer un peu dans le foyer........ Ma foi, par extraordinaire, mademoiselle Brouillon vient de me rendre un service, en me faisant prêter, par M. Despavots, son chapeau et sa redingote. Ce rôle me fait suer, et sans cela je me serais eurhumée en venant à ma loge.

SAINT-ANGE.

Cette foi-ci j'y vois clair, et mademoiselle Brouillon ne m'a pas trompé. C'est Despavots.

Air : *De la découpure.*

Je suis furieux *in petto*;
　Il faut que ma rage
　Anime aujourd'hui mon courage.
　A mon rival donnons *presto*
D'une telle audace un petit *memento.*
　Tapons fort (*bis*) sur ce manteau;
　　Montrons *subito.*
　　Comme ici se venge
　　Saint-Ange.

SCENE XXI.

LES MEMES, PATRES.

PATRÈS.

Arrêtez, demeurez *in statu quo*,
　Où vous allez faire un nouveau
　　Quiproquo.

SAINT-ANGE.

Je ne ferai donc que cela toute la journée! Mais qui allais-je battre? Eclaircissons ce doute.... Dieux! Rosalie!

PATRÈS, *soutenant Rosalie.*

C'est un pressentiment qui m'a conduit ici.

ROSALIE.

Tu m'as fait plus de peur que de mal, Saint-Ange. Je te le pardonne. Mais que vois-je! l'ombre de ma mère!

PATRÈS.

Ma femme!... Ne me fais donc pas des peurs comme ça.

ROSALIR.

Oui, je la vois.

AIR :

Ah ! maman, que je l'échappe belle !

Votre ombre me suit
Et me poursuit :
Que me veut-elle ?
A vos lois, si je fus infidèle,
Mes yeux, ô maman !
Se sont ouverts en se fermant

AIR : *L'un est le fils du sentiment.*
Je cède à la voix de mon cœur :
Adieu Thalie et Melpomène ;
J'abjure mon aveugle erreur,
Et renonce au jeu de la scène.
Par un repentir impromptu
Je rentre, changeant de méthodes,
Dans le chemin de la vertu :
Je me fais marchande de modes.

SAINT-ANGE.

La voilà donc convertie !

PATRÈS.

Ah ! mon cher monsieur, ce n'est, tout au plus, qu'un quart de conversion.

SCÈNE XXII.

LES MÊMES, ROSEVAL, FLORIDOR.

ROSEVAL.

Alerte, alerte, le théâtre est assiégé.

SAINT-ANGE.

Par les Arabes ?

FLORIDOR.

Eh ! non : par nos confrères du théâtre voisin. Furieux d'avoir joué Armide dans le désert, ils prétendent que nous en représentons une contrefaçon : le public prend parti pour eux, et ils viennent nous en demander raison, à force ouverte.

ROSEVAL.

Ne craignez rien : je leur ai opposé une barrière insurmontable.

AIR *de Catinat.*
Les jeunes amoureuses
Auraient cédé le pas :
Car elles sont peureuses,

Et ne résistent pas.
Nos vieilles habilleuses
Arrêteront leurs pas :
Ce sont là des remparts qu'on ne renverse pas.

SCÈNE XXIII.

LES MÊMES, Mlle. BROUILLON, CHŒUR.

CHŒUR.

AIR : *La victoire est à nous !*

Sauvons-nous ! sauvons-nous !
Redoutez le courroux
D'une troupe intrépide :
Tous les héros d'Armide
L'emporteront sur nous.

Mlle. BROUILLON, *à part.*

Ça va bien, ça va bien : le tapage va recommencer.

ROSEVAL.

Messieurs, ne perdons pas la tête : peut-être sommes-nous
en nombre égal. Voyons : j'ai Armide dans ma poche. Ré-
capitulons. Noms des personnages :

Armide.

AIR : *Le cœur de mon Annette.*

Clorinde est intrépide ;
Rien ne peut l'arrêter :
Elle doit, sur Armide,
Sans peine l'emporter.

ROSALIE.

Nenni, ma foi,
Armide a bien d'autres charmes que moi.

(*Elle entre dans sa loge*).

ROSEVAL.

Hidraot, oncle d'Armide.

Arsès est au théâtre,
Et peut-être il est pris :
Mais Patrès en vaut quatre,
Pour servir ses amis.

PATRÈS.

Nenni, ma foi,
Cet oncle vaut vingt pères comme moi.

(*Il entre dans une loge*).

ROSEVAL.

Renaud !

Il a quelque vaillance ;

Mais Tancrède aujourd'hui,
Lorsque Renaud l'offense,
Peut lutter contre lui.

S A I N T - A N G E.
Nenni, ma foi,
Je fuis ; Renaud est bien plus fort que moi.
(Il rentre.)

R O S E V A L.

Le chevalier Danois !
Pour signaler son zèle,
D'avance je le vois,
Roger, ami fidèle,
Se mesure au Danois.

F L O R I D O R.
Nenni, ma foi,
Ce Danois-là me chasserait je crois.   (*Il rentre.*).

R O S E V A L.

La haine !
En ces lieux qu'elle aborde,
Je crains peu son transport,
Nous avons la discorde.
Pour nous mettre d'accord.

Mlle. B R O U I L L O N.
Nenni, ma foi,
La haîne est bien plus puissante que moi.
(Elle rentre.)

R O S E V A L.

Démons ! Chimères ! etc.
Pour dernières barrières,
Ici nous opposons,
Nos esprits aux chimères,
Nos femmes aux démons.

L E S   D I A B L E S.
Nenni, je fuis,
Dans Armide on trouve bien plus d'esprit.

R O S E V A L, *les croyant là.*
Voilà de jolis préparatifs de défense..... Ah ! diable, j'ou-
bliais Ubalde.

Chef de la sainte cause,
Je dois représenter
Ubalde est peu de chose,
Puis-je lui résister.

Nenni, ma foi ,
Je vois qu'Ubalde encor vaut mieux que toi.
(*Il rentre.*)

SCENE XXIV.

Mlle. FAILLITTE en *Armide*, ARGENT, *tous les personnages d'Armide.*

CHŒUR.

AIR : *A boire , à boire , à boire.*
Victoire , victoire, victoire ,
Armide a reconquis sa gloire ,
Nos ennemis vont s'éclipser,
Jerusalem va trépasser.

ARGENT.

Ils se sont sauvés : poursuivez-les jusques dans leurs derniers retranchemens. Brave Renaud , sévère Ubalde , prudent Danois, suivez leurs pas ; et vous, sage Hidraot, courez à la caisse.

HIDRAOT.

J'y vole.

Mlle. FAILLITE.

» Enfin, ils sont en ma puissance! ces fatals ennemis » , et je vais désarmer ma rivale.
(*Elle entre dans la loge de Clorinde ; les autres sont entrés dans leurs loges respectives.*)

CHŒUR.

AIR : *Dors, mon enfant* (de Nina).
Toi qu'on révère à l'opéra,
Grand dieu du sommeil enchaîne leur colère ;
Produis ici ton effet ordinaire ,
Ou la triste Sion aujourd'hui tombera ,
Sion , Sion, Sion, Sion,
Sion , Sion , Sion.

SCENE XXV.

LES MEMES , TOUS LES PERSONNAGES (*).

Mlle. FAILLITE.

C'est assez comme cela : prières perdues, voyez vos héros

(*) Tous les personnages d'Armide sont chargés des dépouilles des héros de la Jérusalem , qui sont en veste, et très-confus.

dépouillés.

AIR : *Traitant l'amour sans pitié.*

Le Danois, vrai chevalier,
De Roger suivant la trace,
A ressaisi sa cuirasse,
Ubalde, son bouclier :
Puis, à cet amant fantasque,
Renaud fait rendre son casque,
En leur arrachant leur masque,
Nous avons, pour notre bien,
Repris à ces bons apôtres,
Tout ce qu'ils prirent aux autres.

SAINT ANGE, FLORIDOR, ROSEVAL, etc.

Il ne nous reste plus rien.

Mme. FAILLITE.

Pouviez-vous bien vous croire un moment en état de
lutter contre Armide ?

ARGENT.

Rendez-vous donc justice.

AIR : *Contentons-nous d'une seule bouteille.*

Par son amour pour la femme qu'il tue,
Croyant en vain intéresser le cœur ;
Tancrède ici fait plus d'une bévue,
Renaud du moins ne commet qu'une erreur :
Belle Clorinde, en vain vous êtes fière,
Du peu de jours qu'on vous voit parmi nous,
Sachez qu'Armide est une centenaire,
Qui pourrait bien vivre encor plus que vous.

ROSALIE.

Ce n'est pas difficile, l'auteur m'a tuée dès le quatrième
acte.

Mme. FAILLITE.

A propos de l'auteur.... où est-il, ce grand coupable ?

SCENE XXVI ET DERNIÈRE.
LES MÊMES, DESPAVOTS, L'INCENDIE,
Mme. PICHARD.

L'INCENDIE, *conduisant Despavots affublé avec des guirlandes.*

Le voilà ! le voilà ! Il s'était caché dans la gloire
d'Armide.

Mlle. FAILLITE.

Il m'en veut donc bien....! traître.....!

DESPAVOTS.

Un moment ! un moment ! messieurs et mesdames ; il faut tout avouer : je ne suis pas un homme d'esprit.

Mlle. FAILLITE.

Il a fait l'opéra.

DESPAVOTS.

Hélas ! messieurs, je n'ai rien fait que l'apporter ici.

ARGENT.

C'est bien assez.

DESPAVOTS.

Amoureux en secret de la belle Rosalie , j'ai cru lui offrir, dans le premier rôle de la Jerusalem.....

ROSALIE.

Despavots, je le vois trop tard, vous m'aimez ; mais mon cœur est à Saint-Ange.

ARGENT.

Vaine défaite !

DESPAVOTS.

Approchez, madame Pichard , et certifiez que je ne suis qu'un geai paré des plumes de l'oiseau d'Apollon.

Mme. PICHARD.

C'est vrai ; c'est un secret que j'ai gardé trois jours : oui, messieurs, cette pièce est d'un auteur déjà connu par des succès plus merités.

DESPAVOTS.

AIR : *Muse des Jeux.*

Des vers brillans il connaît la magie ;
Quand sous sa plume Omasis vint s'offrir,
Un tel sujet enflamma son génie,
Et l'opéra ne peut que l'affadir :
Trop aisément on y gagne sa cause ;
Qu'il suive donc un plus noble sentier :
On ne doit pas s'en tenir à la rose,
Lorsqu'on est sûr d'obtenir un laurier.

ARGENT, *aux acteurs.*

Eh bien ! messieurs, vous voyez que nous avons obtenu par la force, ce que l'amitié nous refusait : ne faisons plus désormais qu'une seule troupe : vivons en bonne intelligence ; plus de discussions pour les rôles, les habits , les feux, etc. ; et prenant pour modèle les grands théâtres de Paris ; qu'il n'y ait pas , chez nous , plus de haine que de discorde.

COMEDIE.
VAUDEVILLE.

Mlle. BROUILLON.

Air de la Meûnière.

Par des scènes qu'il emprunta,
 Plus d'un auteur brille ;
Mais pourtant ce commerce-là,
 De dangers fourmille :
Par certain critique épié,
Aux frais d'un confrère oublié,
 L'auteur qui s'habille,
 Est déshabillé.

SAINT-ANGE.

Dans les chants purs dont il ornait
 Mainte comédie,
Rencontrant toujours le secret
 De la mélodie,
Par maint harmoniste envié,
Dalayrac, ainsi que Solié,
 Montrait Polymnie,
 En déshabillé.

ROSEVAL.

Lise, du théâtre est l'honneur,
 De vers on l'accable,
C'est un ange, dit l'amateur,
 Rien n'est plus aimable ;
Mais bien souvent contrarié,
Son directeur s'est écrié ;
 Cet ange est un diable,
 En déshabillé.

ROSALIE.

De Polymnie on applaudit,
 La digne interprête ;
Que de feu, de grâce et d'esprit !
 Quelle voix parfaite !
Lorsqu'en Armide elle a brillé,
Le connaisseur émerveillé,
 Applaudit Colette,
 En déshabillé.

ARGENT.

De tous les côtés promenant,
 Sa splendeur nouvelle :
Voyez dans un cercle élegant,
 Entrer cette belle :

Par ses atours elle a brillé ;
Mais sitôt qu'elle a babillé,
Chacun se rappelle,
Son déshabillé.

PATRÈS.

Briller, toujours de l'Opéra,
Fut la loi première ;
Mêmes diamans ornent là,
Princesse ou bergère :
De l'or sur elle éparpillé,
En vain l'œil est émerveillé ;
Moi, je les préfère,
En déshabillé.

Mlle. FAILLITE, *au Public.*

Déclamant ou chantant toujours,
Ailleurs Melpomène,
Par son éclat et ses atours,
Brille sur la scène ;
Mais chez nous, le front dépouillé,
De plus d'un ornement pillé,
On voit Melpomène,
En déshabillé.

FIN.

De l'Imprimerie de PORTHMANN.